¡Hola, América!

Monte Rushmore

por R.J. Bailey

National Park Service
U.S. Department of the Interior

Mount Rushmore
National Memorial

Bullfrog Books

Ideas para padres y maestros

Bullfrog Books permite a los niños practicar la lectura de texto informacional desde el nivel principiante. Repeticiones, palabras conocidas y descripciones en las imágenes ayudan a los lectores principiantes.

Antes de leer

- Hablen acerca de las fotografías. ¿Qué representan para ellos?

- Consulten juntos el glosario de fotografías. Lean las palabras y hablen de ellas.

Lean en libro

- "Caminen" a través del libro y observen las fotografías. Deje que el niño haga preguntas. Señale las descripciones en las imágenes.

- Lea el libro al niño, o deje que él o ella lo lea independientemente.

Después de leer

- Inspire a que el niño piense más. Pregunte: ¿Alguna vez has ido a la Monte Rushmore? ¿Sabes de quiénes son los rostros en el monumento? ¿Qué hicieron?

Bullfrog Books are published by Jump!
5357 Penn Avenue South
Minneapolis, MN 55419
www.jumplibrary.com

Library of Congress Cataloging-in-Publication Data

Names: Bailey, R.J., author.
Title: Monte Rushmore / por R.J. Bailey.
Other titles: Mount Rushmore. Spanish
Description: Minneapolis, Minnesota: Jump!, Inc., [2016] | Series: ¡Hola, América! | Includes index.
Audience: Grades K-3.
Identifiers: LCCN 2016016360 (print)
LCCN 2016016568 (ebook)
ISBN 9781620315040 (hardcover: alk. paper)
ISBN 9781620315194 (paperback)
ISBN 9781624964671 (ebook)
Subjects: LCSH: Mount Rushmore National Memorial (S.D.)—Juvenile literature.
Classification: LCC F657.R8 B3518 2016 (print)
LCC F657.R8 (ebook) | DDC 978.3/93—dc23
LC record available at https://lccn.loc.gov/2016016360

Editor: Kirsten Chang
Series Designer: Ellen Huber
Book Designer: Molly Ballanger
Photo Researcher: Kirsten Chang
Translator: RAM Translations

Photo Credits: All photos by Shutterstock except: Alamy, 20–21; AP Images, 16; arinahabich/123RF.com, 5; Corbis, 14 (inset), 14–15; Getty Images, 10–11; Superstock, 18–19; Thinkstock, 6tl, 6tr, 13, 23tl.

Printed in the United States of America at Corporate Graphics in North Mankato, Minnesota.

Tabla de contenido

Rostros en la montaña

Estamos en Monte Rushmore.

Está en Dakota del Sur.

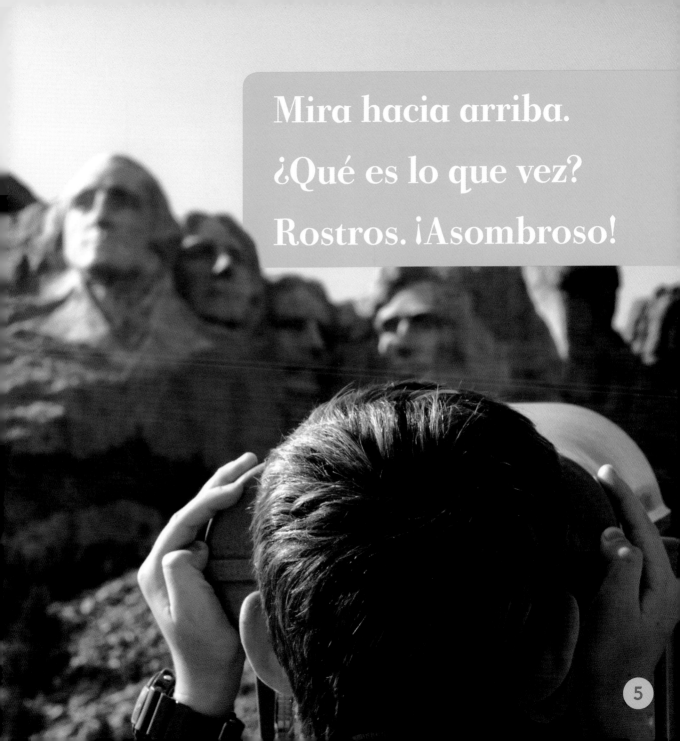

Mira hacia arriba.
¿Qué es lo que vez?
Rostros. ¡Asombroso!

5

¿Quiénes son?

Los presidentes
de los EEUU.

La montaña es
un monumento.

Nos ayuda a recordar
a cuatro hombres
importantes.

Casi 400 personas trabajaron en ella. ¿Cuándo comenzaron? En 1927.

Dinamitaron rocas.
¡Bum!

dinamita

¿Cómo?

Usaron dinamita.

Utilizaron herramientas para crear los rostros.

¿Cuándo terminaron?

En 1941.

15

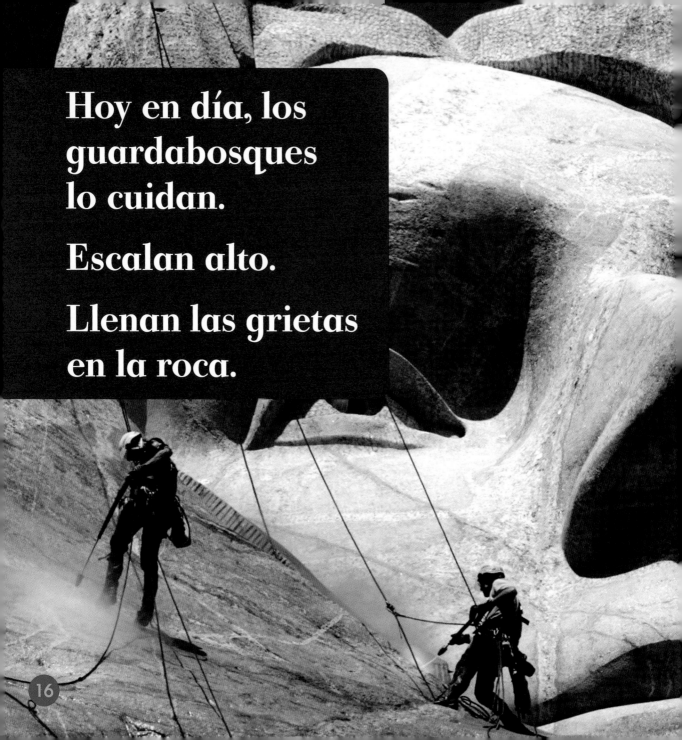

Hoy en día, los guardabosques lo cuidan.

Escalan alto.

Llenan las grietas en la roca.

Jo es una guardabosques.

Ella nos saluda.

¡Hola, Jo!

Caminamos a través de muchas banderas.

Hay una para cada estado.

¡Tomemos una foto!

Nos divertimos en Monte Rushmore.

Los presidentes de Monte Rushmore

Thomas Jefferson fue presidente de 1801 a 1809. Él escribió la Declaración de la Independencia, la cual dice que los Estados Unidos eran libres de Inglaterra.

Theodore Roosevelt fue presidente de 1901 a 1909. Él protegió tierra a través de todo el país para que se cuidara como parques nacionales.

George Washington fue presidente de 1789 a 1797. Él fue el primer presidente de este país.

Abraham Lincoln fue presidente de 1861 a 1865. Él firmó la Proclamación de la Emancipación, liberando a los esclavos en los Estados Unidos.

Glosario con fotografías

Dakota del Sur
Un estado en el centro y norte de los Estados Unidos.

monumento
Algo construido para recordar a una persona o un evento.

dinamita
Explosivo poderoso usado para dinamitar y en minas.

presidentes
Las personas que trabajan en el oficio más importante de los Estados Unidos.

Índice

Para aprender más

Aprender más es tan fácil como 1, 2, 3.

1) Visite www.factsurfer.com

2) Escriba "MonteRushmore" en la caja de búsqueda.

3) Haga clic en el botón "Surf" para obtener una lista de sitios web.

Con factsurfer.com, más información está a solo un clic de distancia.